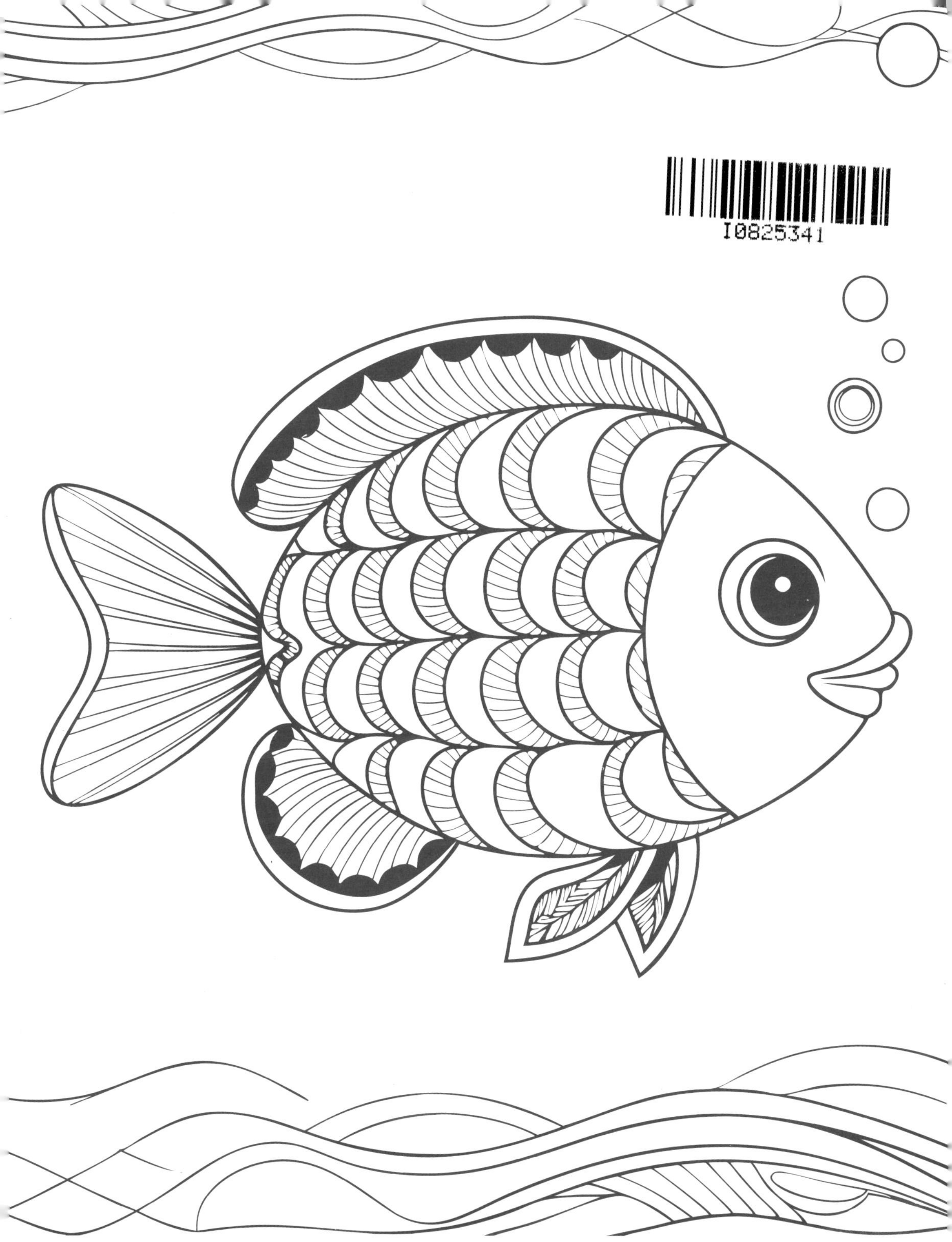
I0825341

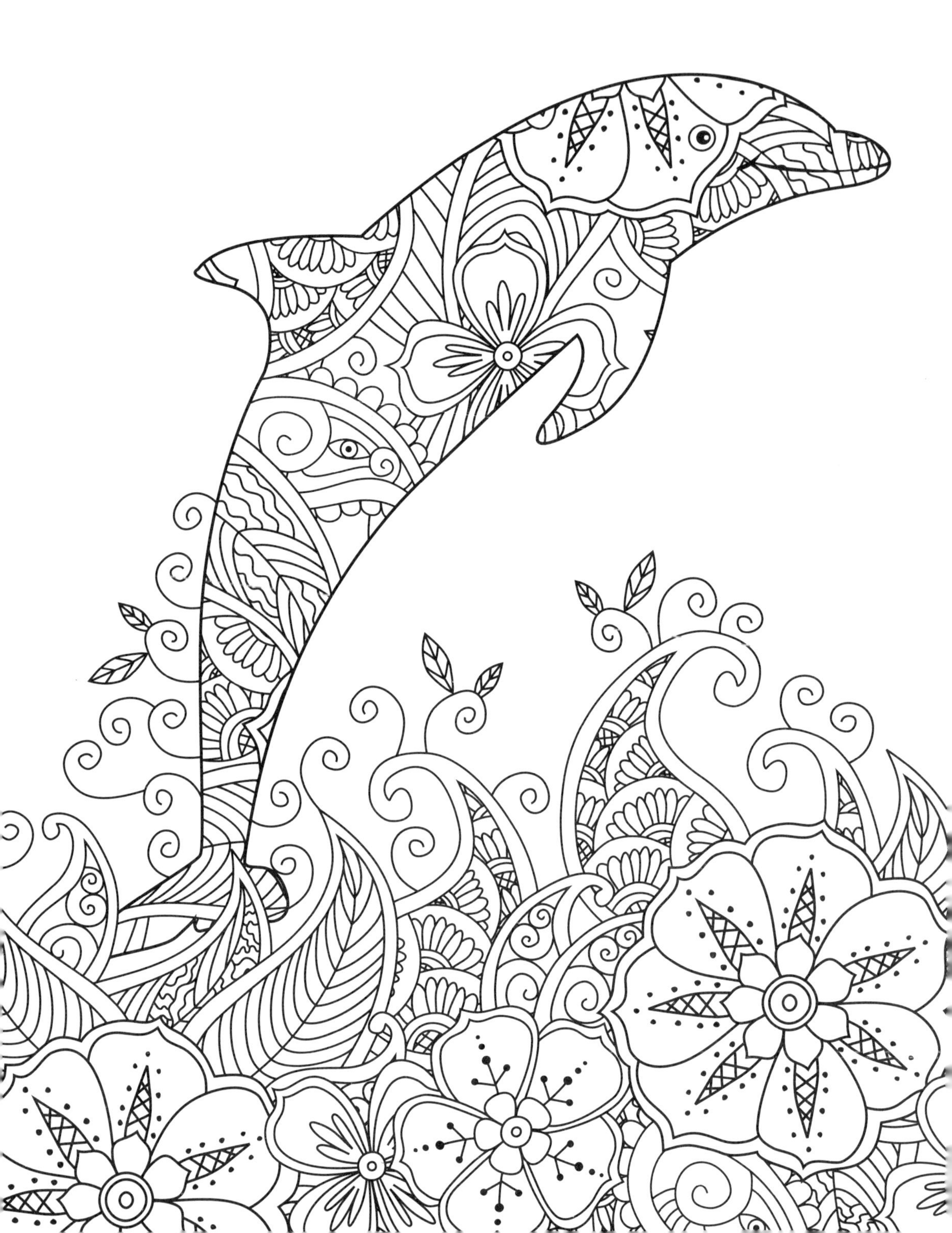

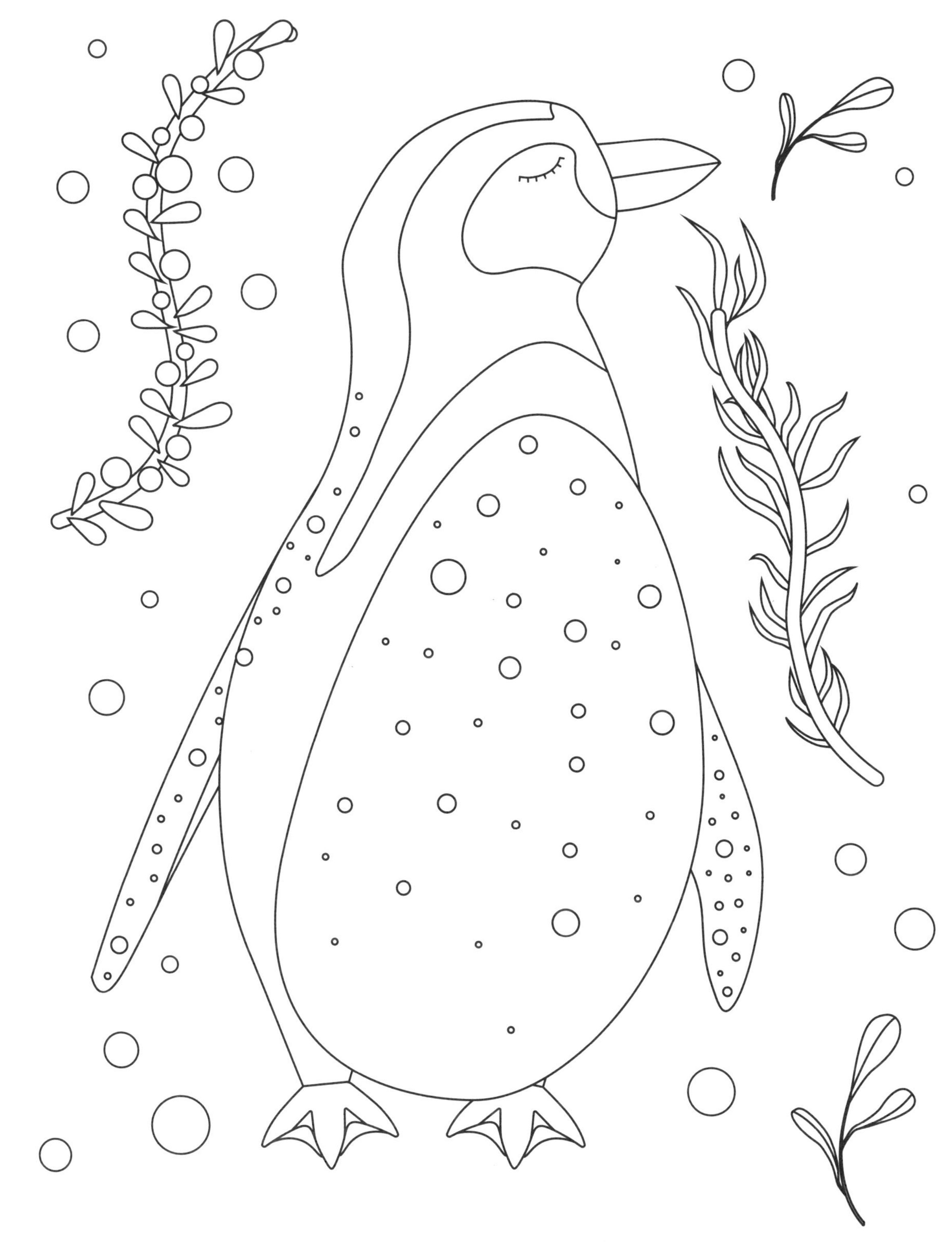

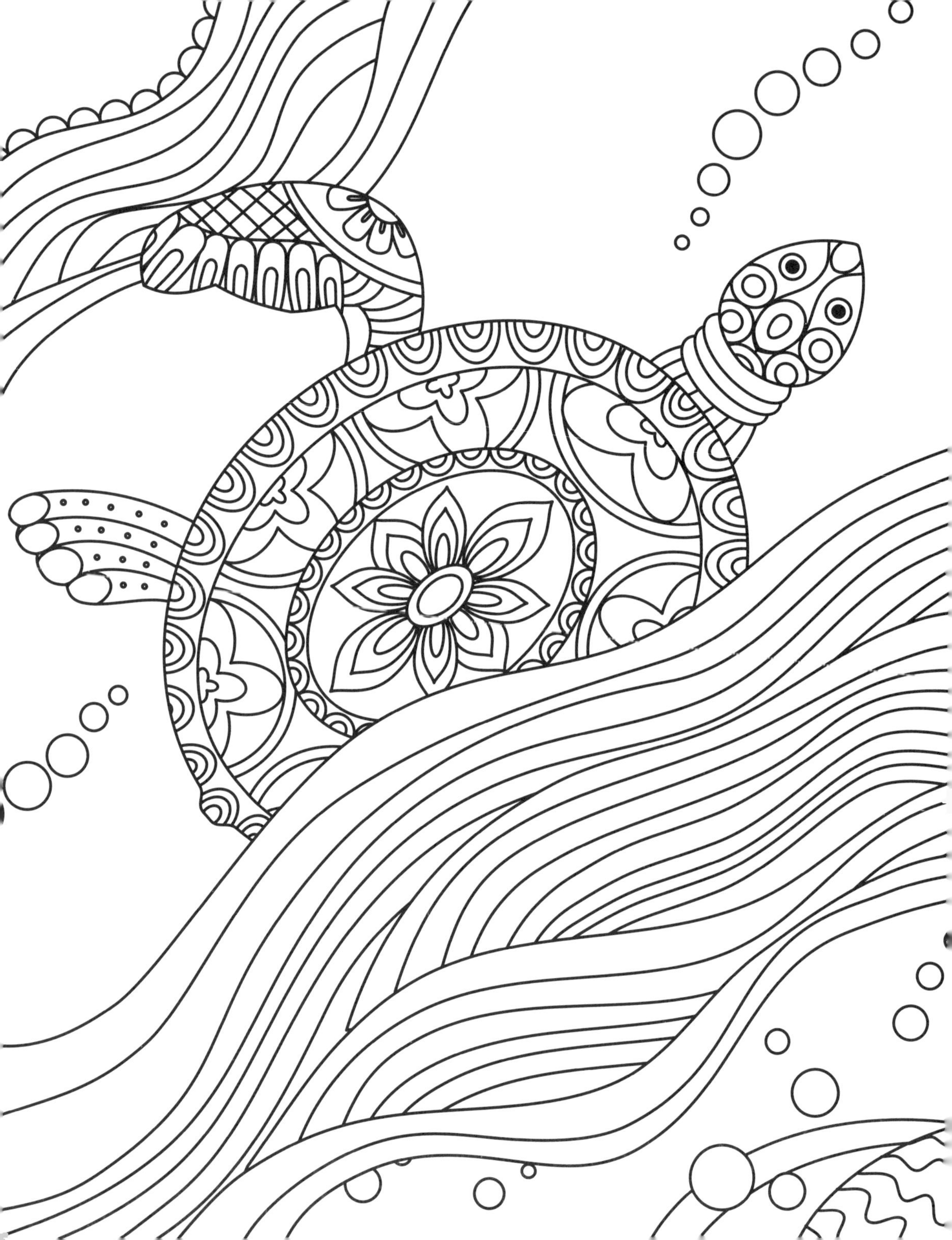

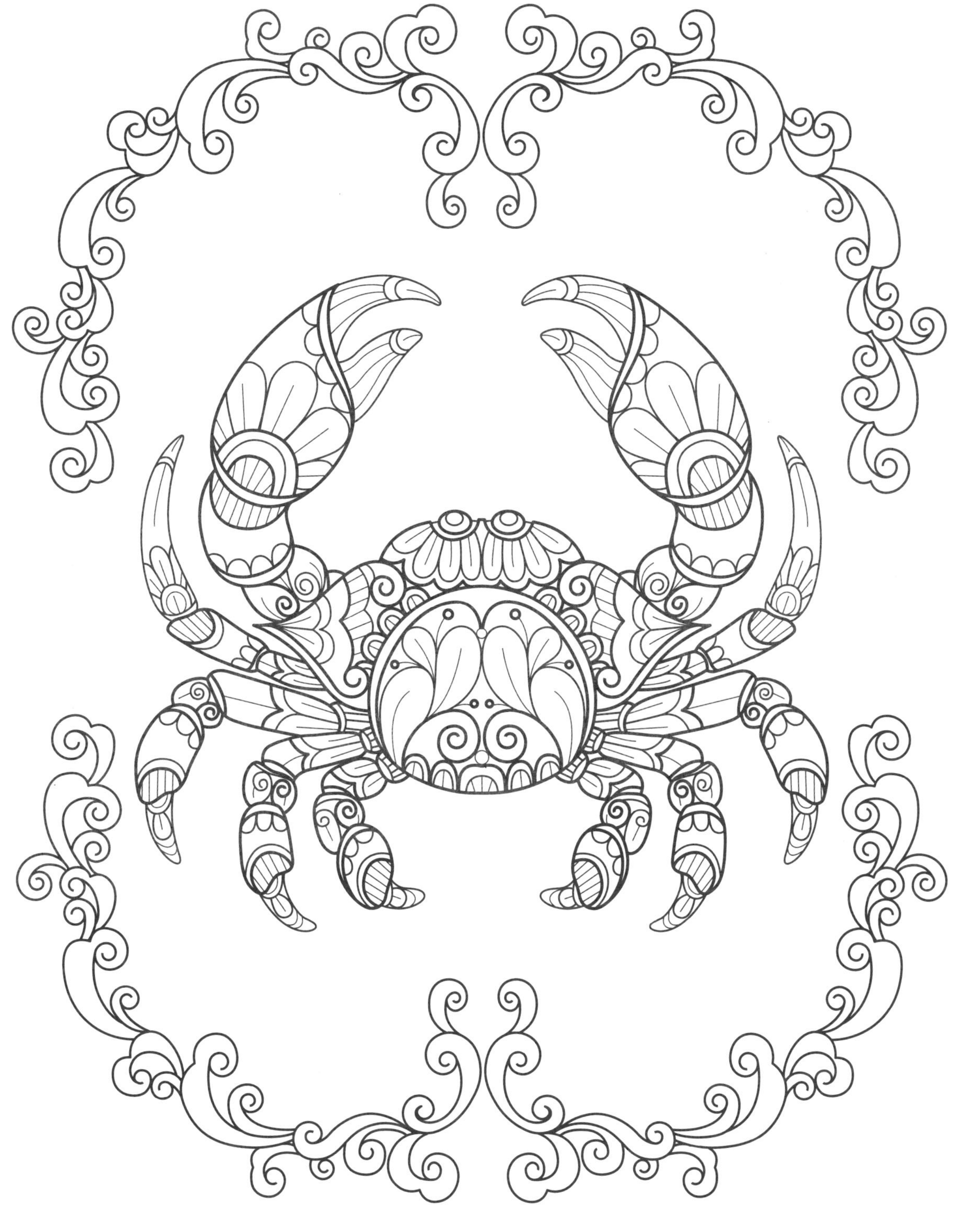

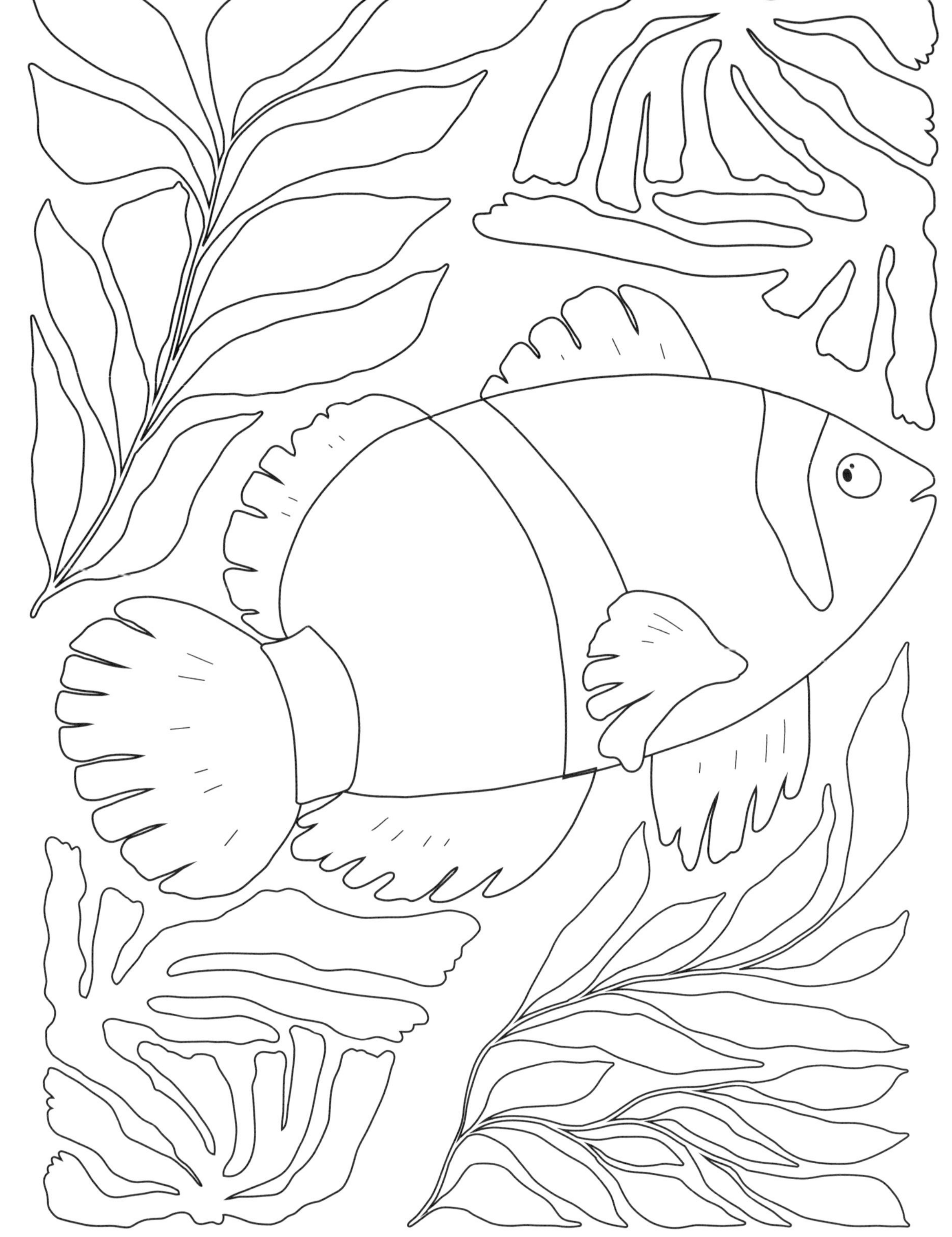

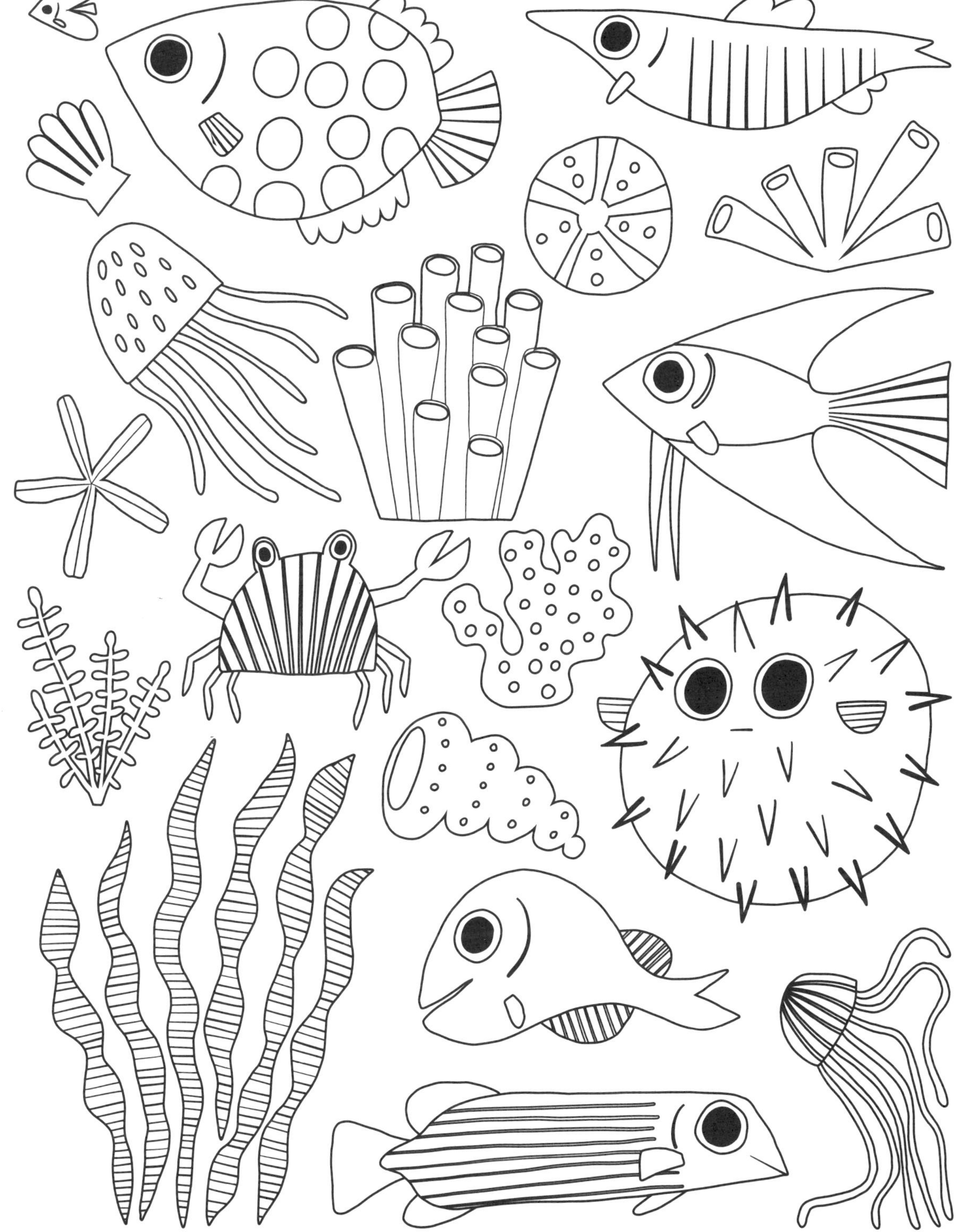

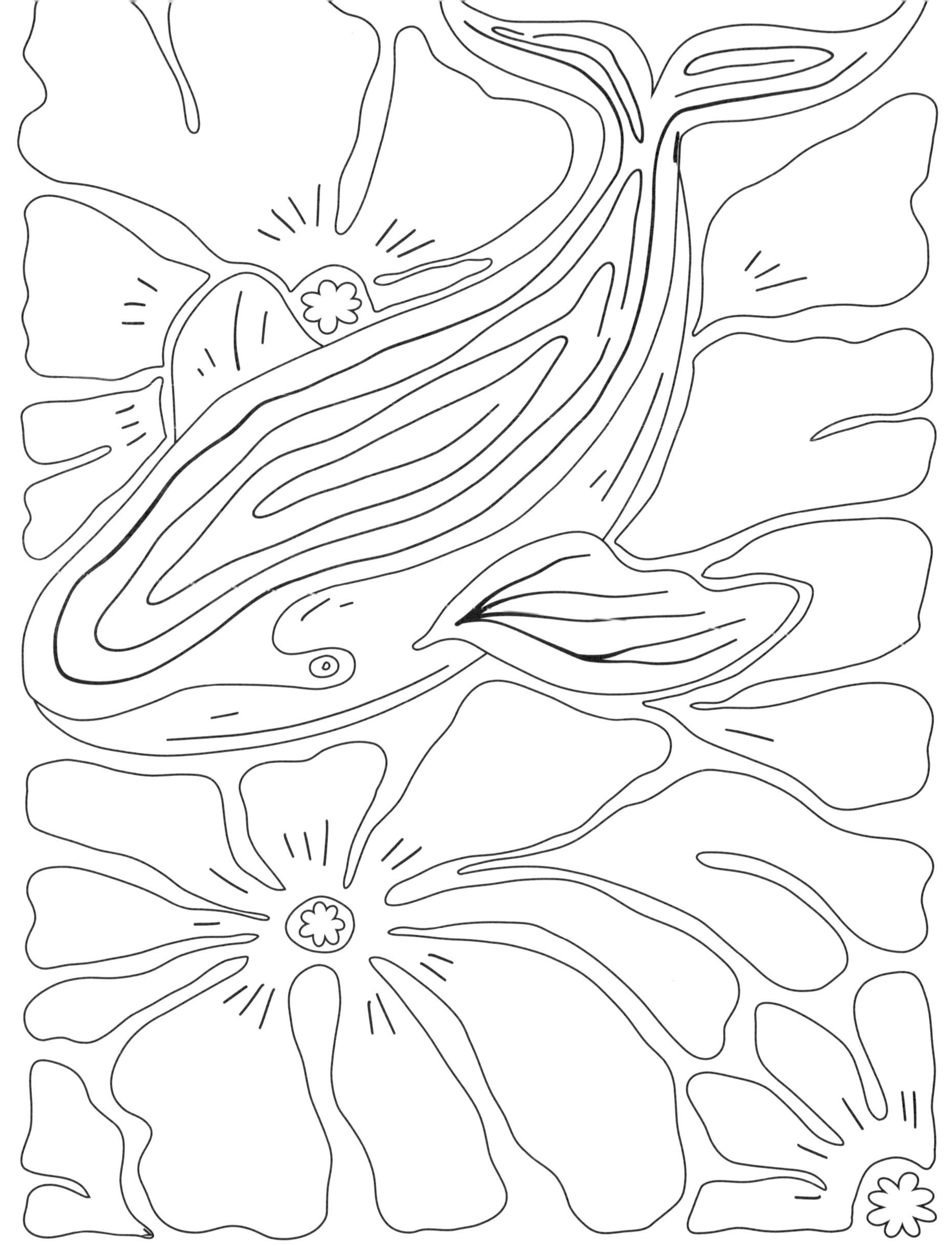

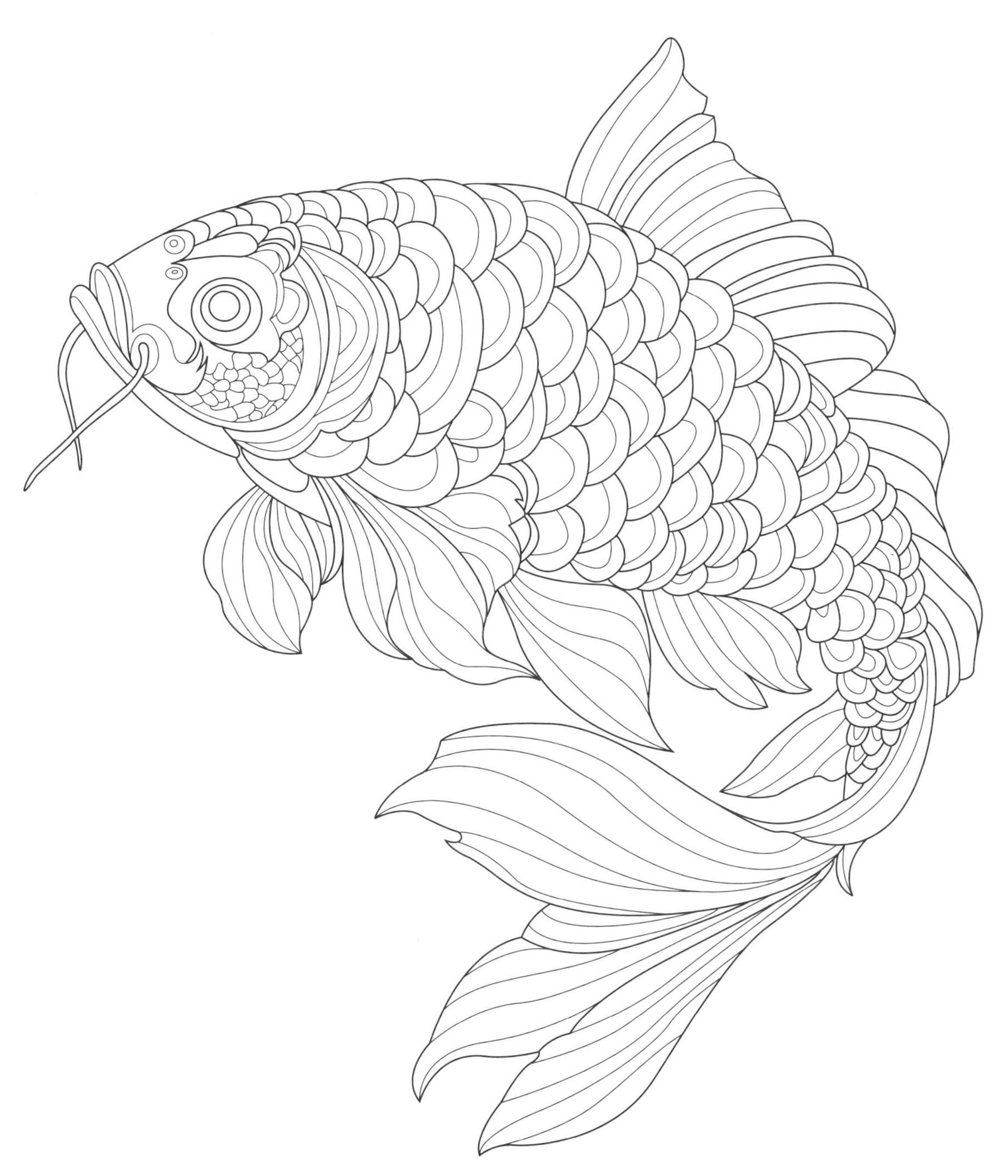

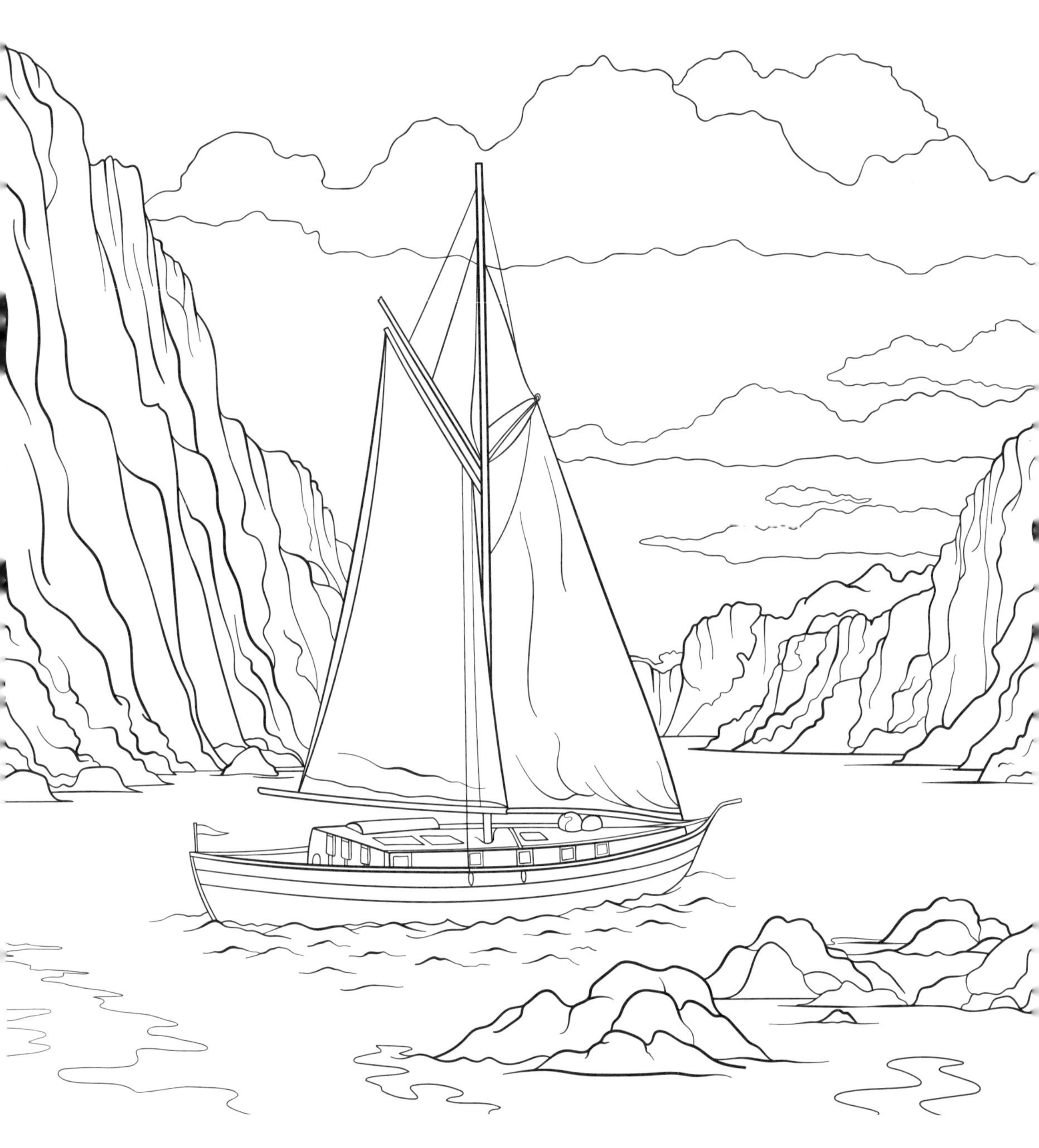

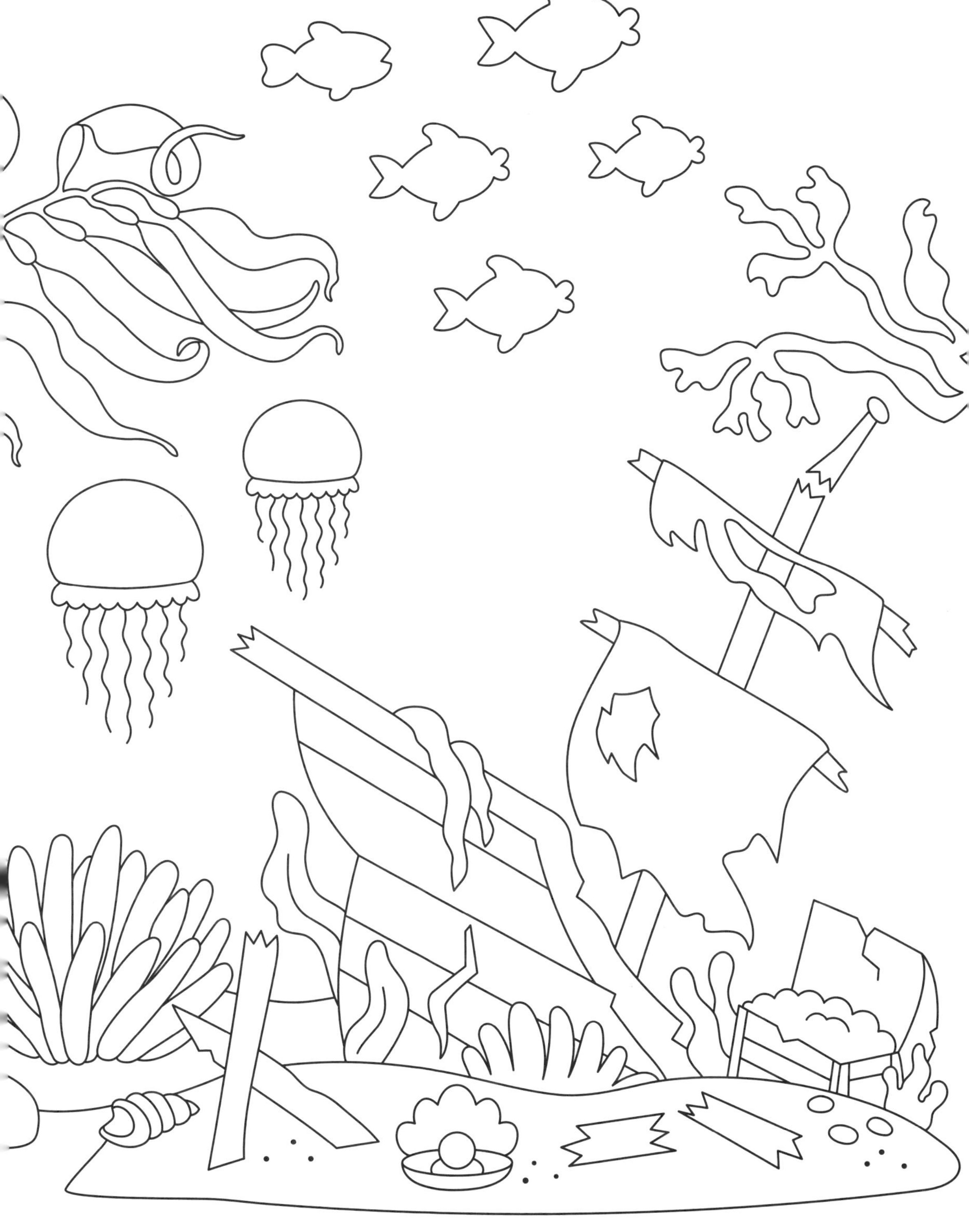

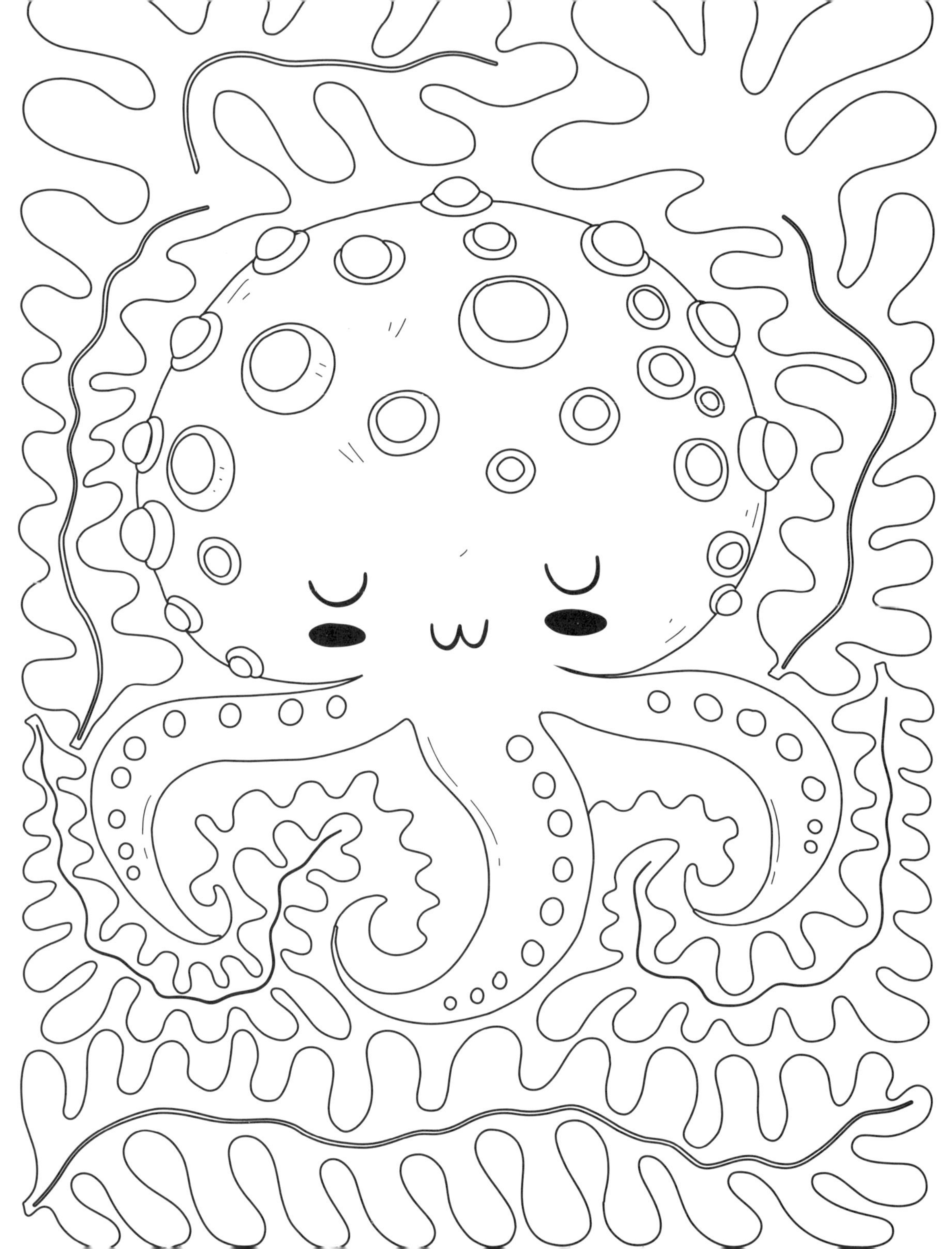

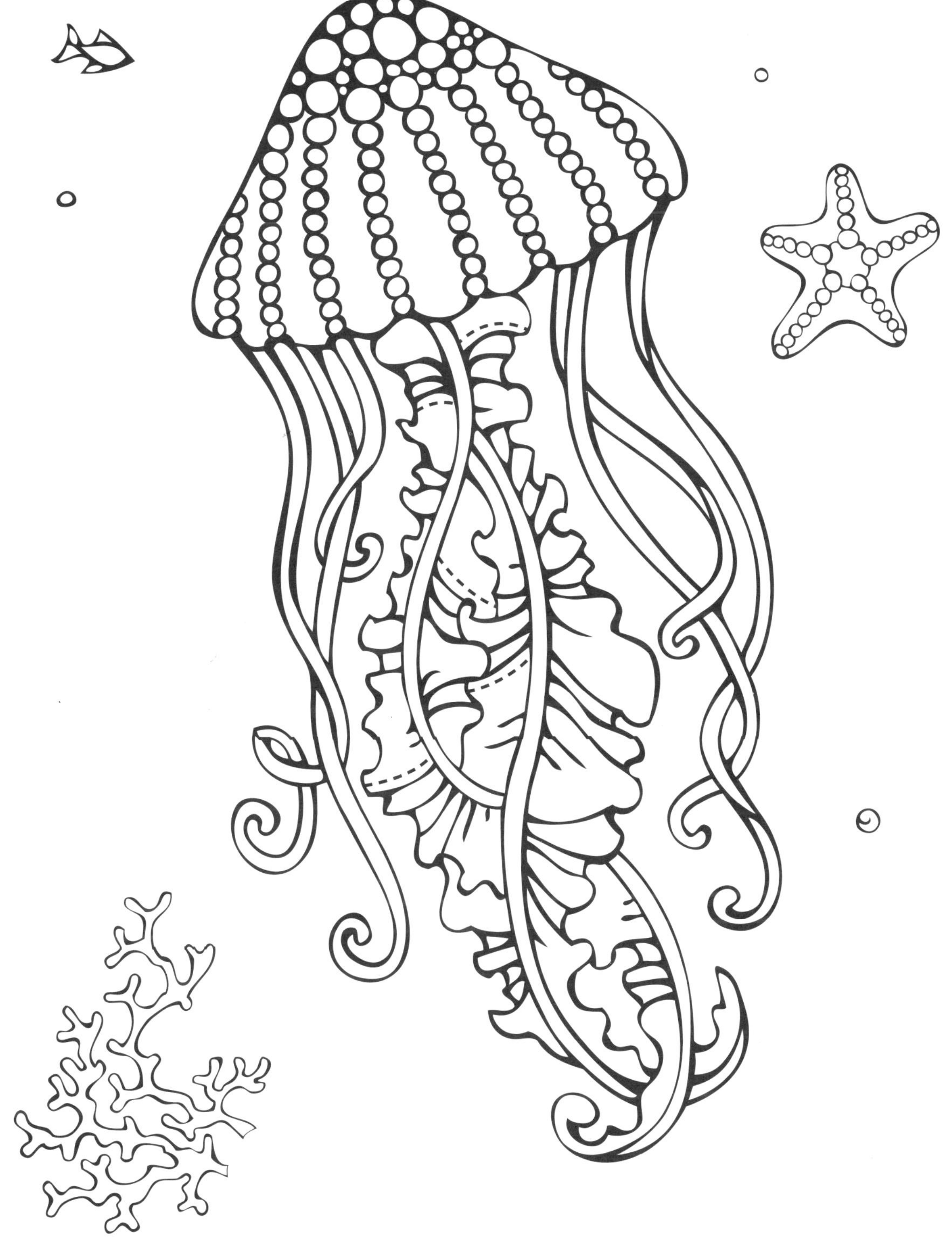

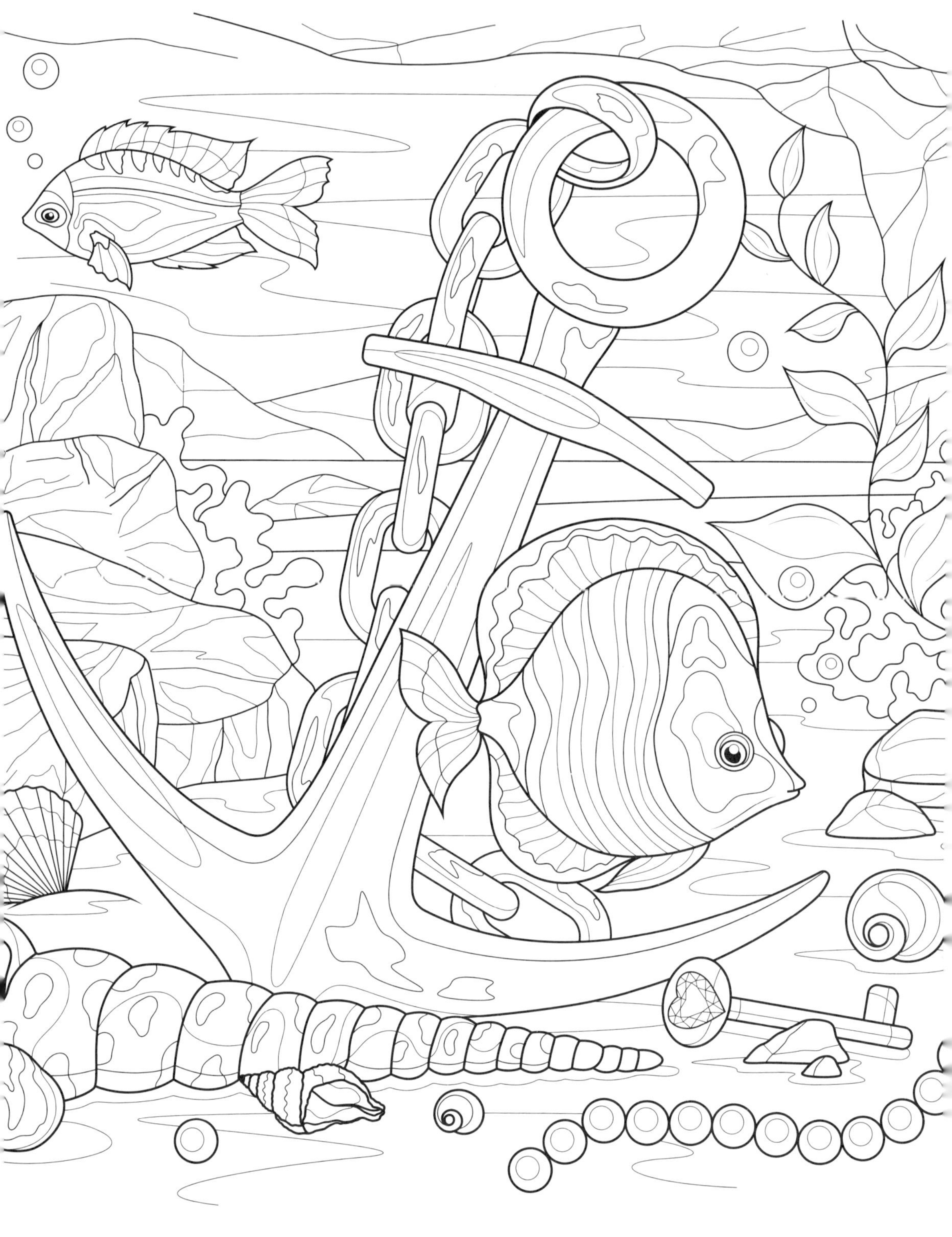

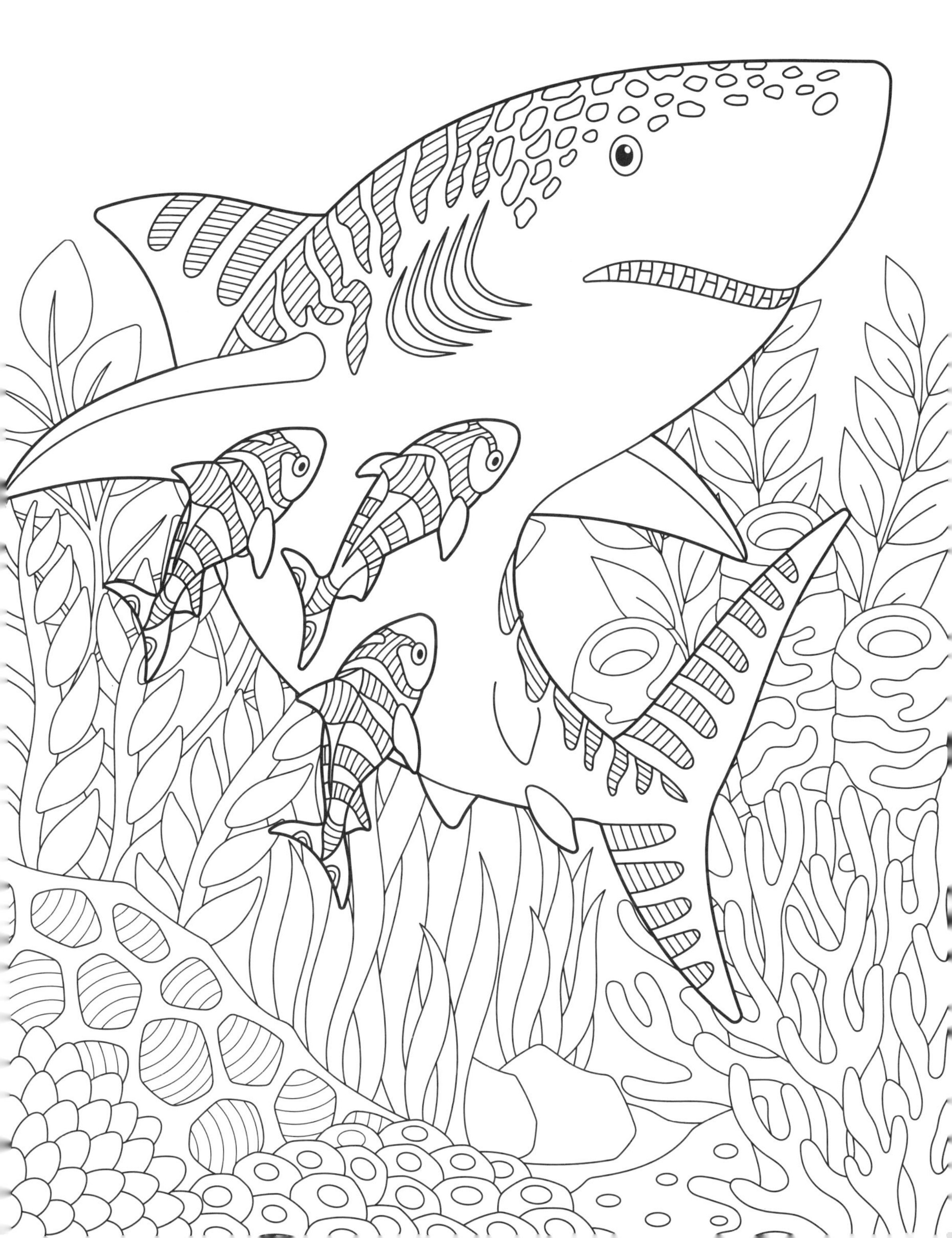

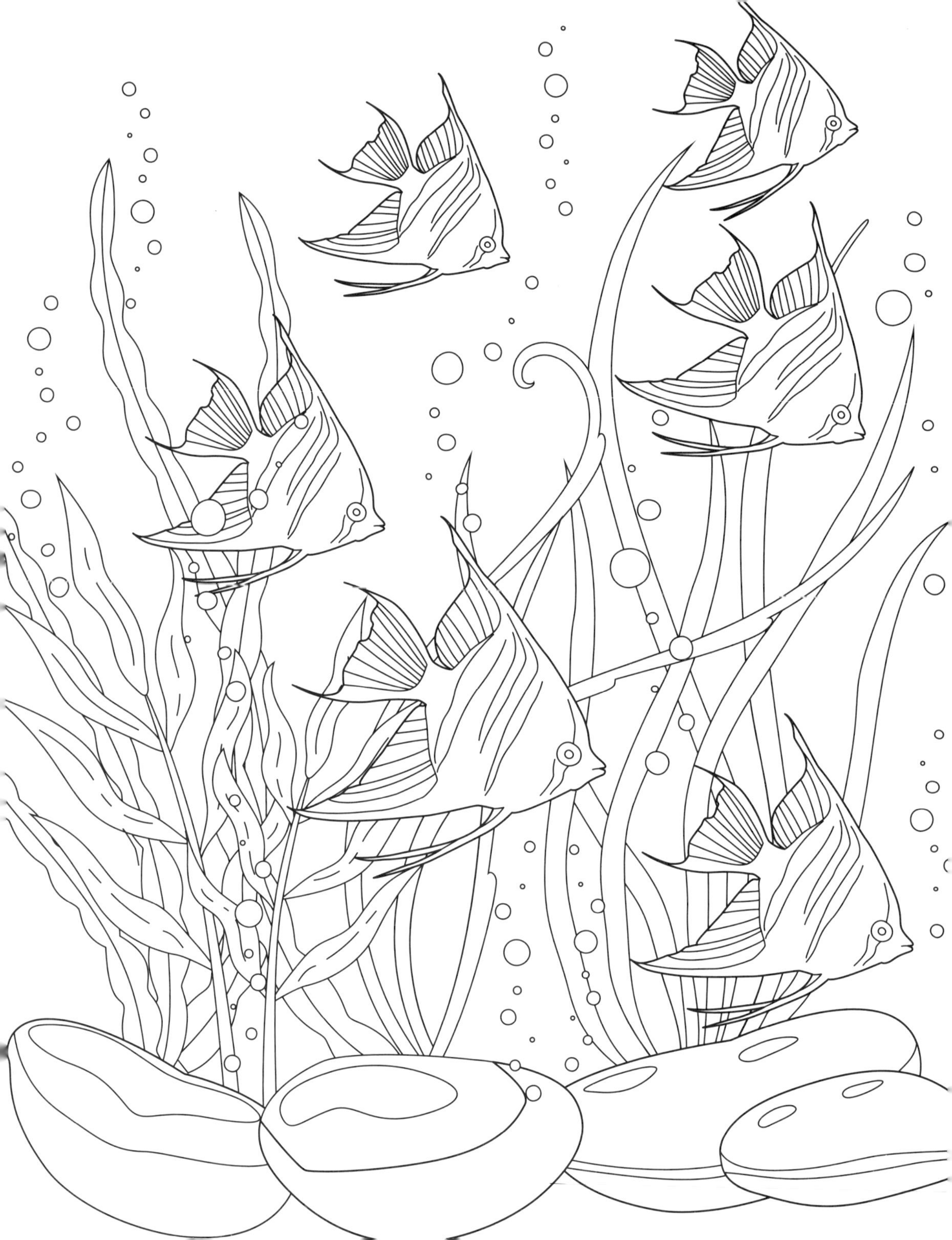

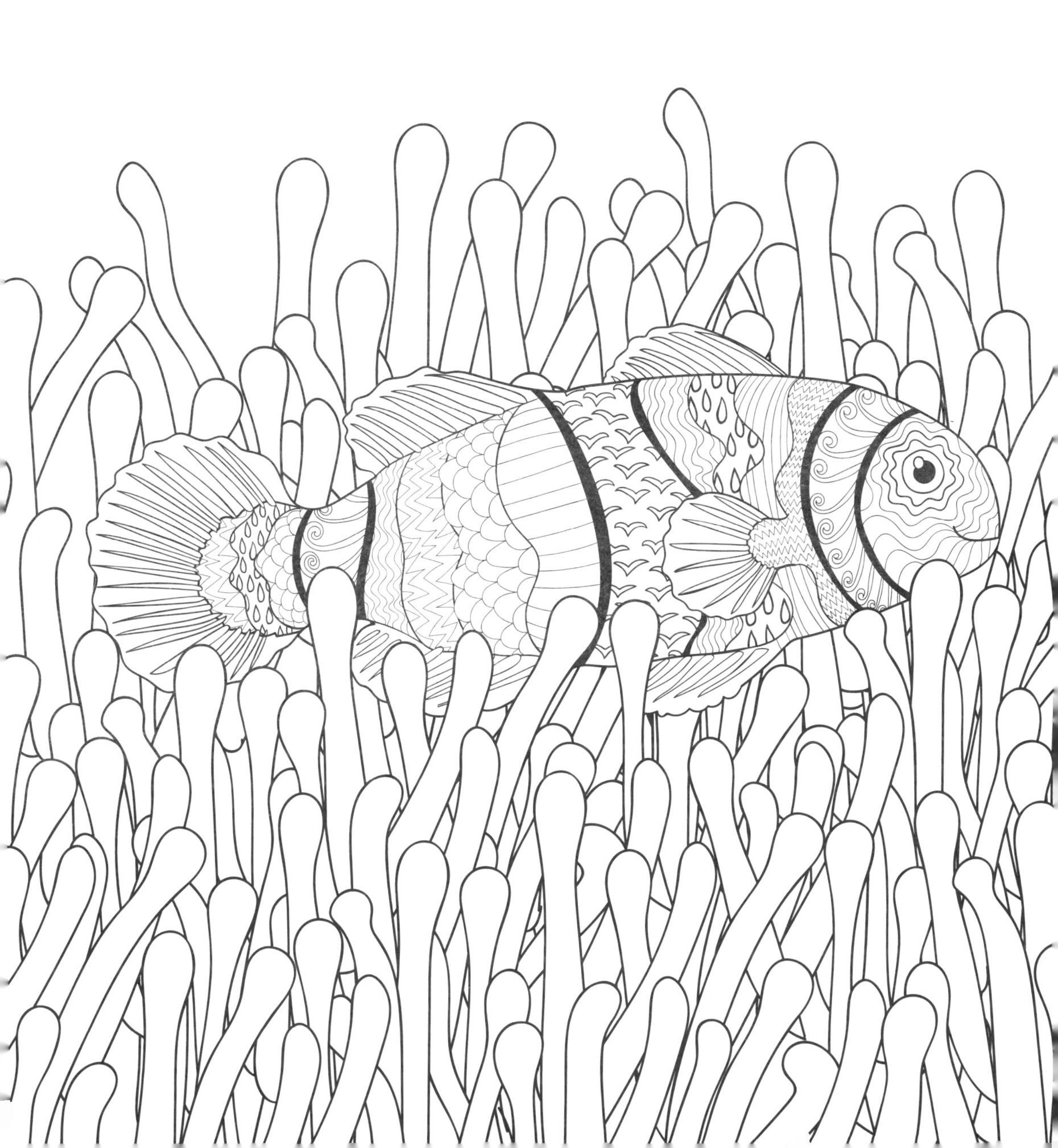

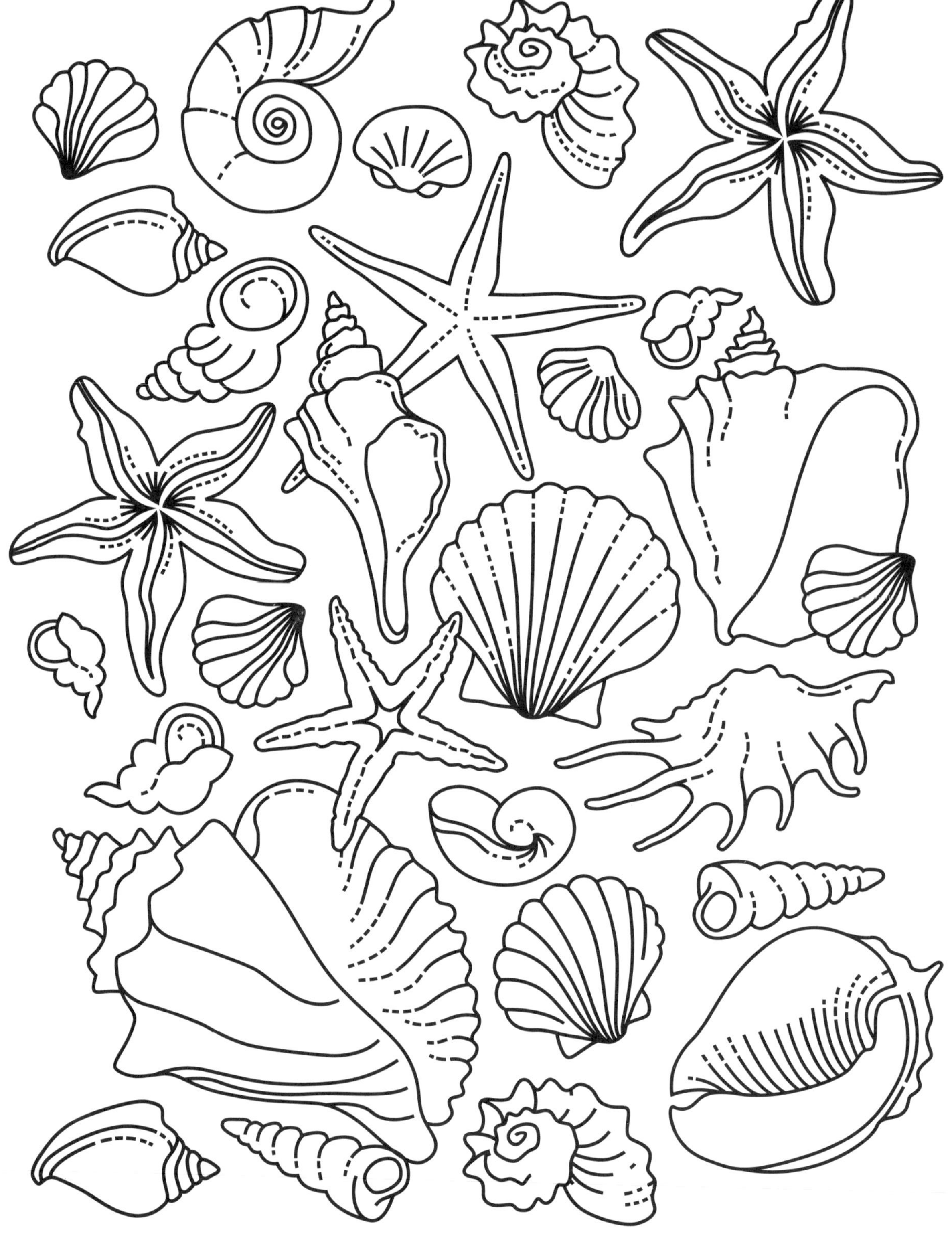

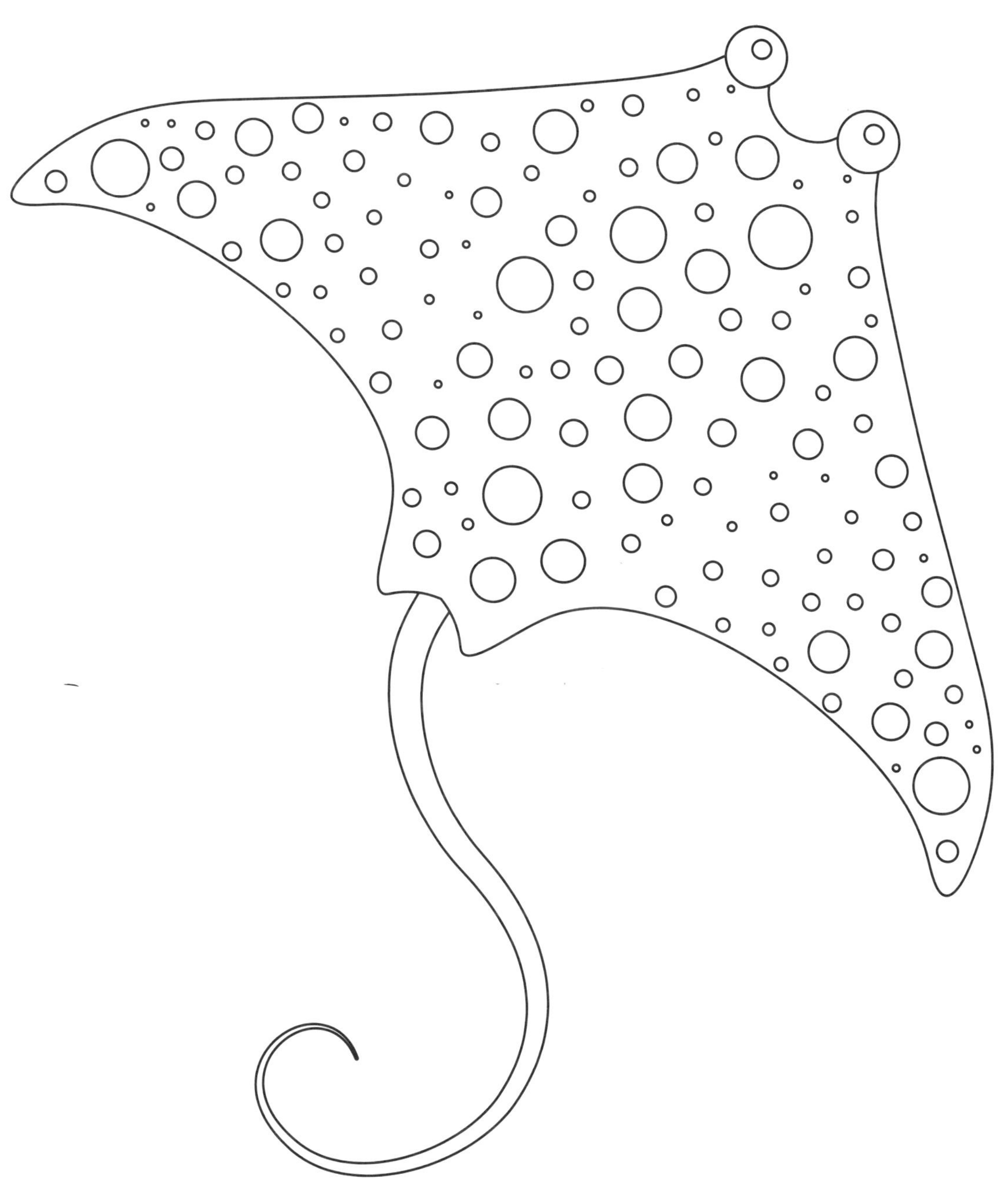

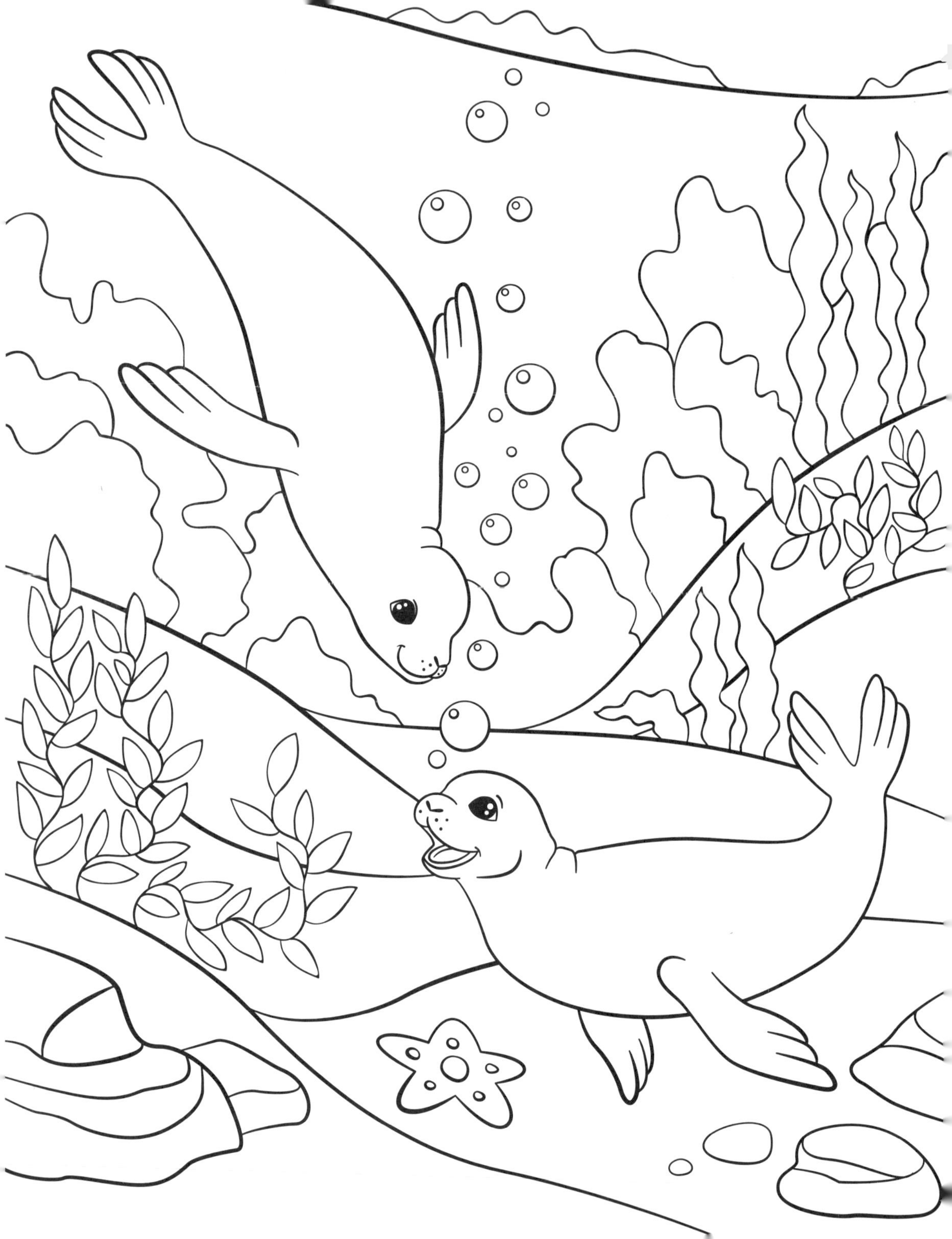

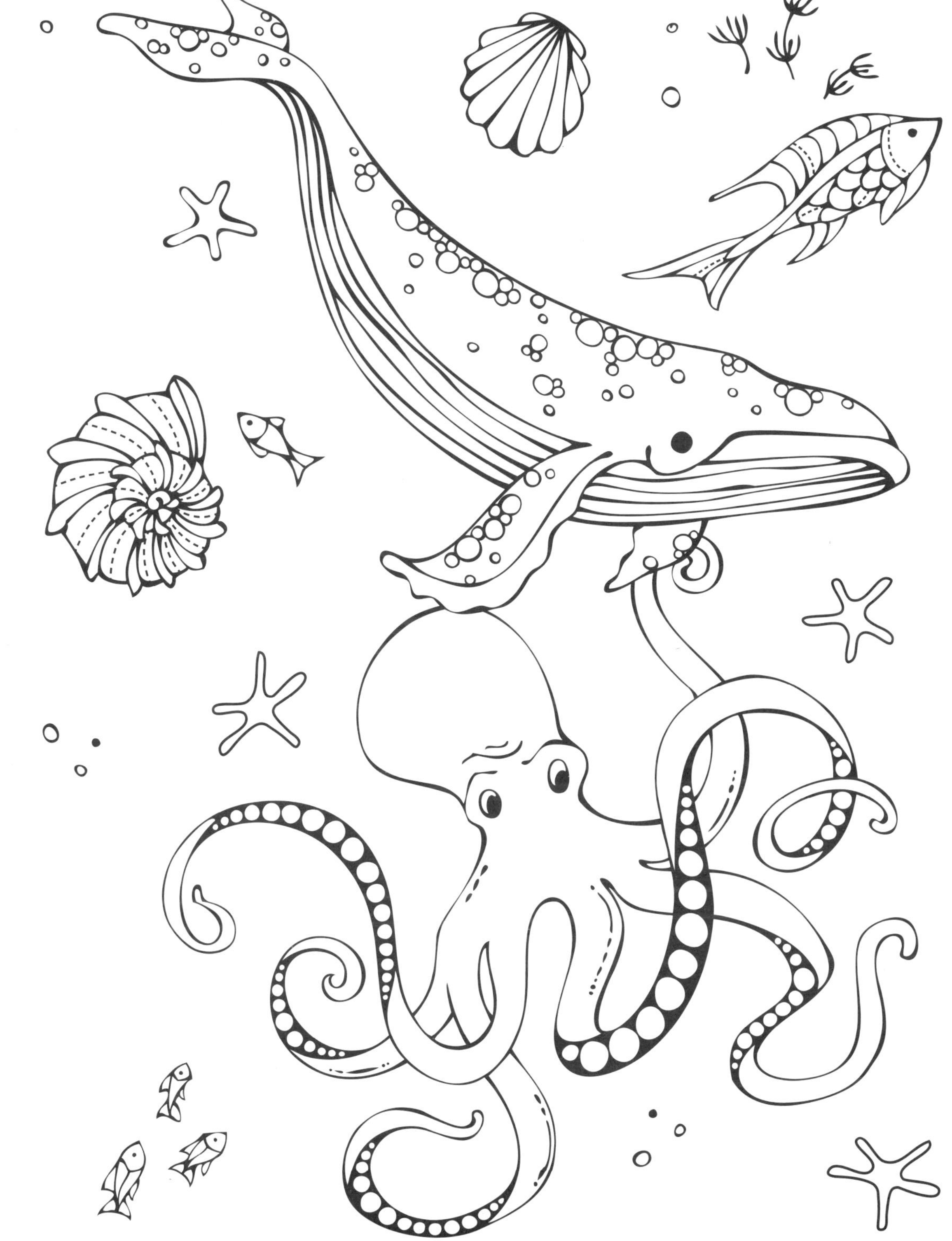

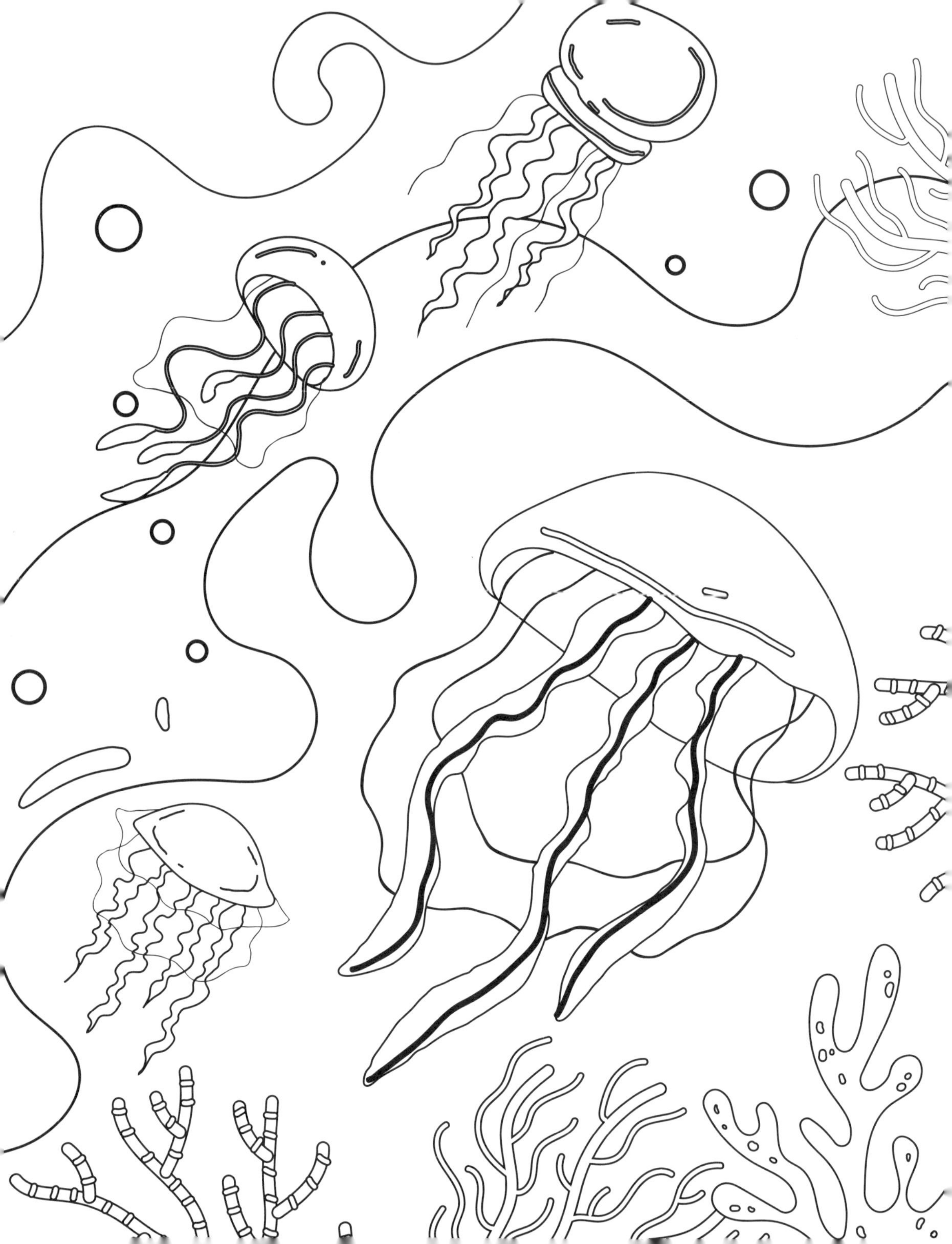

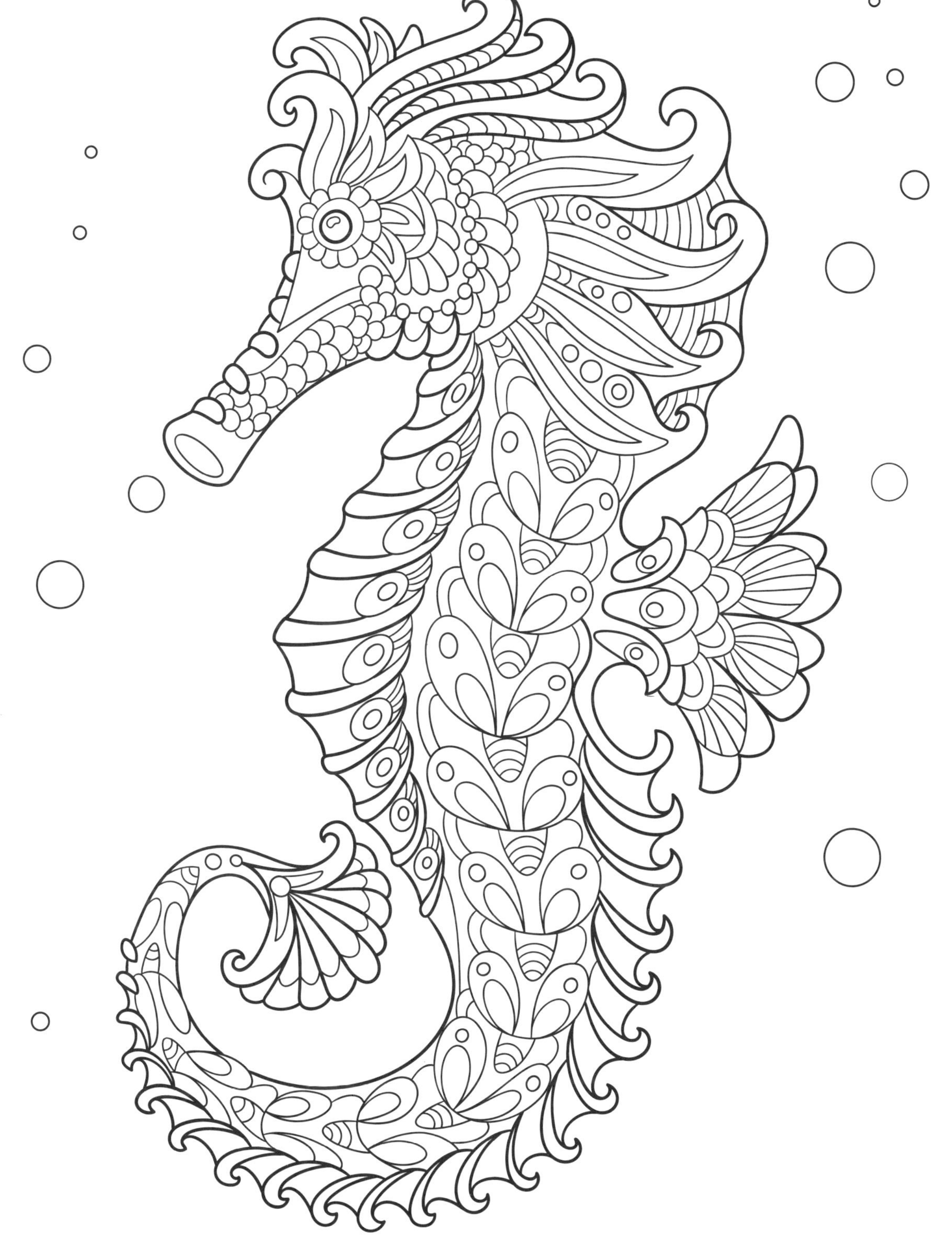

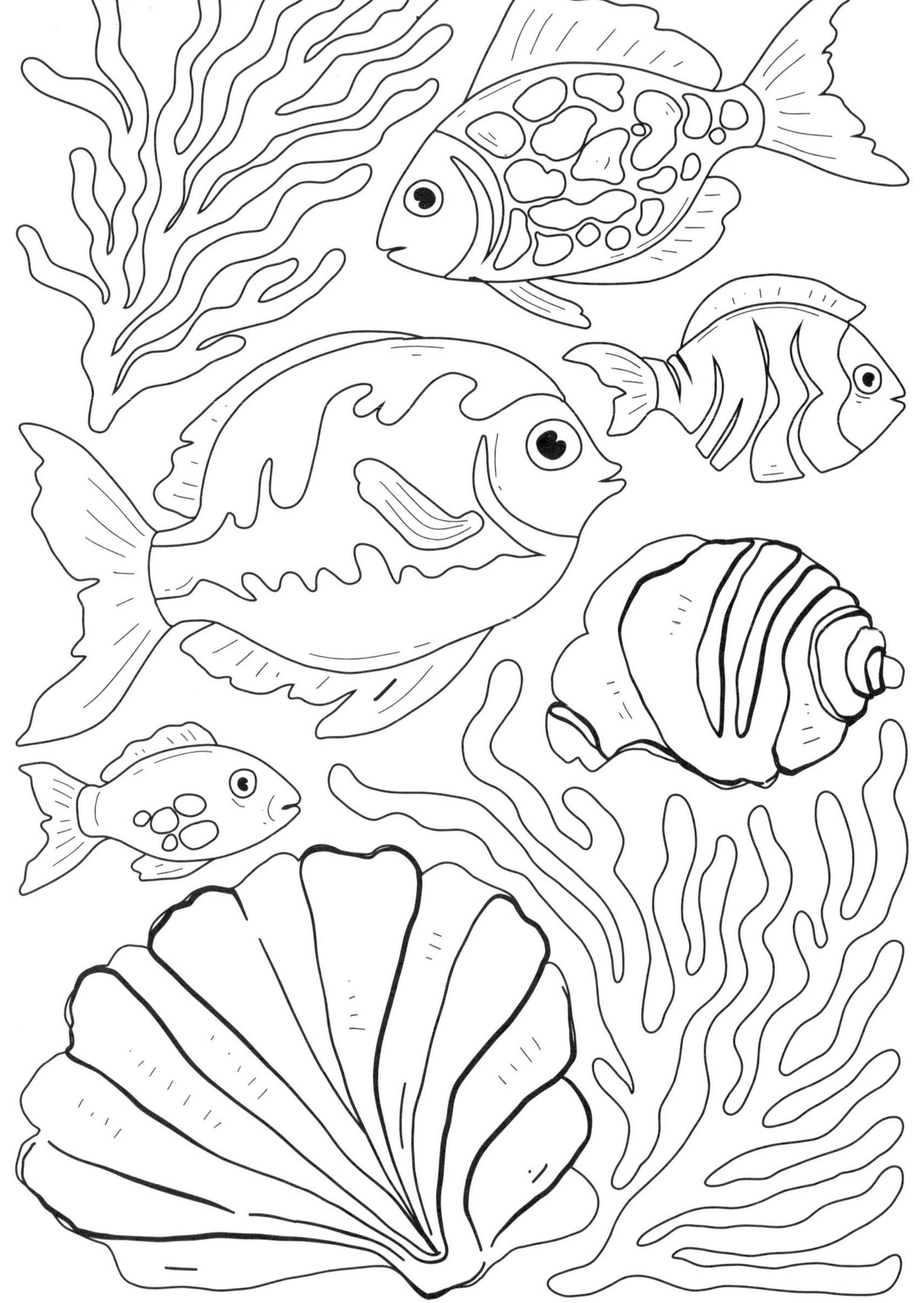